PANDA HEISST AUF ISLÄNDISCH BAMBUSBJÖRN

Die schönsten Wörter der Welt

Originalausgabe
1. Auflage 2021

Türkenstraße 89, 80799 München
info@yes-publishing.de

Umschlaggestaltung: Ivan Kurylenko (hortasar covers)
Layout und Satz: Müjde Puzziferri, MP Medien, München
Druck: Florjancic Tisk d.o.o., Slowenien
Printed in the EU

ISBN Print 978-3-96905-039-2
ISBN E-Book (EPUB, Mobi) 978-3-96905-040-8
ISBN E-Book (PDF) 978-3-96905-041-5

PANDA HEISST AUF ISLÄNDISCH BAMBUSBJÖRN

Die schönsten Wörter der Welt

DAVID TRIPOLINA

YES

INHALT

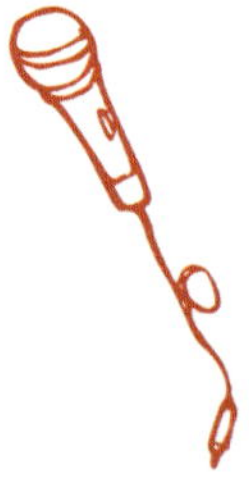

VORWORT

Wie klang sie wohl, die erste unbeholfene Liebeserklärung, die einst ein Steinzeitmann seiner Angebeteten am Lagerfeuer ins Ohr gehaucht hat? Vielleicht war es nur ein zartes Stammeln oder schon ein richtiger Satz. Mit dieser neuen seltsamen Klangfolge jedenfalls, so ahnen wir, haben von da an die Neandertaler ein wunderbares Gefühl verbunden: die Liebe.

Mittlerweile gibt es Hunderte Millionen Wörter in Tausenden Sprachen. Kunstvoll aneinandergereihte Töne, die sich in Bilder und Emotionen verwandeln. Wörter, aus denen Welten größer als das Universum entstanden. Welten, die Menschen in ihren Bann ziehen und alles um sich vergessen lassen.

»Man kann die Welt verändern, indem man seine Worte verändert«, sagte Gotthold Ephraim Lessing. Worte können den härtesten Herzen Tränen entreißen. Aber auch Glückseligkeit bringen. Sie sind das machtvollste Instrument, das die Menschheit erschaffen hat.

Dieses Buch vereint all die Wörter, die das Herz erwärmen. Die schönsten, die wunderbarsten, die elegantesten Wörter der Erde. Die Auswahl ist freilich subjektiv. Dennoch habe ich versucht, möglichst außergewöhnliche Wörter aus möglichst vielen Sprachen und Regionen der Erde zu entdecken.

Einen Platz in dieser Sammlung verdienen sie aus unterschiedlichen Gründen. Manche klingen einfach wunderschön. So wie *Rhabarbermarmelade* oder *Sommerfrische.* Aber natürlich werden nicht nur deutsche Wörter aufgeführt, sondern auch die vermutlich auf das Hebräische zurückgehende Beschwörungsformel *Abrakadabra* oder der englische Begriff mit französischen Wurzeln *feuillemort* für die Farbe von verblasstem Laub.

Andere Wörter gewinnen ihren Zauber dadurch, dass sie etwas Außergewöhnliches beschreiben. Sei es das Gefühl, etwas Niedliches so fest umarmen zu wollen, dass man es zerquetscht. *Gemas* sagen die Indonesier dazu. Oder das Geräusch, das entsteht, wenn an einem sonnigen Tag nach einem langen Winter Wasser von den Eiszapfen tropft. *Kapel* nennen die Russen diese Vorboten des Frühlings.

Ich hoffe, es sind Wörter dabei, die Ihnen in Erinnerung bleiben und die Sie zum Frohlocken bringen werden. Setzen Sie sich an Ihren Lieblingsplatz, genießen Sie ein paar Süßigkeiten und lassen Sie die Schönheit der Sprache auf sich wirken. *Kairos* sagten die alten Griechen zum perfekten Moment, wenn alles zusammenkommt, der richtige Ort, die ideale Zeit, und sich die Gelegenheit ergibt, das absolut Richtige zu tun.

Viel Vergnügen!

David Tripolina

A

ABRAKADABRA

[aus dem Hebräischen abgeleitet]

»Ich erschaffe, was ich spreche«; in Amulette graviert, wurde das Wort als Beschwörungsformel verwendet, um andere zu heilen.

AGE-OTORI

[Japanisch]

Nach einem Haarschnitt schlechter aussehen als davor

AIDZUCHI

[Japanisch]

Bei einer Unterhaltung Geräusche machen, die den Eindruck erwecken sollen, dass man dem Gespräch interessiert folgt

ANMUT

Bezaubernde Schönheit und Eleganz

ARBEJDSGLAEDE

[Dänisch]

Freude und Zufriedenheit, die man beim Arbeiten empfindet

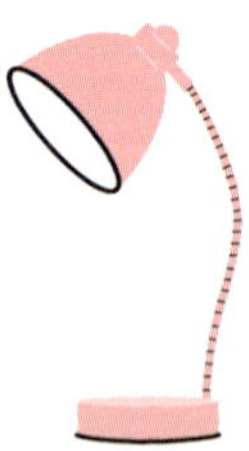

SIMSALABIM
Lautmalerische deutsche Wörter

ÄTSCH, BÄTSCH
Ausruf spöttischer Freude

BALLABALLA
Unterbelichtet, verrückt

DINGSBUMS
Sache, deren Name einem gerade nicht einfällt

DUMDIDUM
Gelassene Entspanntheit

DOPPELT GEMOPPELT
Überflüssig, überzählig

HICKHACK
Mühseliges Hin-und-her-Gerede

KLAPPERDIKLAPP

Geräusch der Mühle

KLINGELING

Nachahmung eines Klingelgeräuschs

PINGPONG

Tischtennis

PITSCH, PATSCH

Geräusch von Wasser

PLEMPLEM

Unvernünftig, dumm oder nicht recht bei Verstand

RAMBAZAMBA

Aufruhr, Aufregung

RATZFATZ

Sehr schnell

RUCK, ZUCK

Schnell und mühelos

SAMMELSURIUM

Ungeordnete Sammlung von Dingen verschiedener Art

SCHICKIMICKI

Jemand, der sich betont modisch gibt; hochnäsige Arroganz

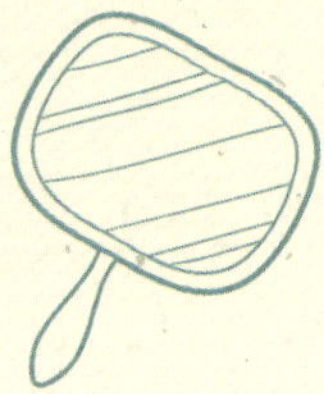

SCHNIPP, SCHNAPP

Geräusch der Schere

SCHWUPPDIWUPP

Beiläufig, unvermittelt

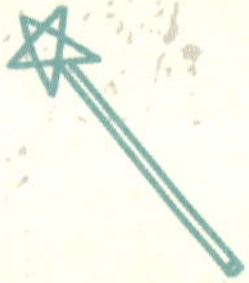

SIMSALABIM

Magische Beschwörung

TRALLALA

Belangloses, Oberflächliches

WISCHIWASCHI

Unklares, verschwommenes Gerede

ZACK, ZACK!

Eilig, schnell

ZAPPZARAPP

Unauffällige Bewegung, mit der etwas entwendet wird

ZICKZACK

Mehrfache Richtungsänderung in spitzem Winkel

B

BAKKU-SHAN

[Japanisch]

Hübsches Mädchen, solange man es nur von hinten sieht

BAMBUSBJÖRN

[Isländisch]

Pandabär

BEHAGLICHKEIT

[Isländisch]

Wohlbefinden, Gemütlichkeit

BIERGISCHT

Schaum auf dem Bier

BLÜMERANT

Ein flaues Gefühl habend, sodass einem ein wenig übel ist

BOKETTO

[Japanisch]

Gedankenlos in die Ferne blicken

BRICOLAGE

[Französisch]

Bastelei, Heimwerkerei, im übertragenen Sinn aber auch »Gebastel«, Erzeugnis aus dem, was gerade zur Verfügung steht

BRIMBORIUM

Überflüssiges Drumherum

BROSAME

Poetisch für Brotkrümel

BUDENZAUBER

Die zauberhafte Wirkung beleuchteter und dekorierter Weihnachts- oder Jahrmarktsstände

BUMFUZZLE

[Englisch]

Verwirrt oder perplex

HÖHEPUNKTE

aus dem *Deutschen Schimpfwörterbuch* von 1838

ARSCHKRÖTE

AUSWÜRFLING

BARTPUTZER

BESENREITER

BETTBRUNZER

BIERHAUSSCHWÄTZER

BRATWURSTMAUL

BRAUSEKOPF

BRÖSELDIEB

BRUMMTEUFEL

BRUNZPROPHET

BUTTERMILCHGESICHT

BÜCHSENSCHEISSER

DACHSTÜBLER

DRECKSCHWALBE

ECKENPISSER

EMPFINDLER

FRAGENICHTS

GALEERENHURE

GARDINENPREDIGER

GELDWOLF

HANSWURSTGESICHT

LATSCHLIESE

LÜGENLUDER

MILCHLING

OFENPUDEL

NIMMERNÜCHTERN

PANTOFFELRITTER

SCHIELBOCK

SCHWINDELHIRN

SÜNDENVOGEL

TAUSENDSCHELM

C

CHIONOPHILE

[aus dem Altgriechischen abgeleitet]

Tiere und Menschen, die kaltes Wetter und Schnee bevorzugen

CHLEUASME

[Französisch, aus dem Altgriechischen abgeleitet]

Sich aus falscher Bescheidenheit selbst vor anderen herabsetzen, um besser zu überzeugen oder Lob zu erhalten

CHRYSALISM

[Englisch]

Die einlullende Friedlichkeit, wenn man bei einem Gewitter drinnen ist

CLINQUANT

[Englisch, aus dem Französischen abgeleitet]

Golden oder silbern erstrahlend, oft ohne aus Gold oder Silber zu sein

CONTENANCE

Bewahren der Haltung in einer schwierigen Lage

CRYPTOSCOPOPHILIA

[Englisch]

Der Drang, beim Vorbeigehen an Fenstern in die Häuser zu schauen

CULACCINO

[Italienisch]

Ränder, die feuchte Tassen oder Gläser nach dem Abstellen hinterlassen

CURGLAFF

[Schottisch]

Das schockierende und belebende Gefühl, plötzlich in kaltes Wasser einzutauchen

D

DAPJEONGNEO

[Koreanisch]

Die Situation, wenn jemand eine Frage stellt, deren Antwort er bereits kennt, und der Zuhörer erraten und aussprechen soll, was der andere hören will

DEFENESTRATION

[Englisch]

Jemanden aus einem Fenster werfen

DESENRASCANÇO

[Portugiesisch]

Die Fähigkeit, auf den letzten Drücker eine Lösung für ein Problem zu improvisieren

DONNERWETTER

Zurechtweisung, auch als Ausruf des Erstaunens oder Beschreibung für ein Gewitter

BLÜTENSCHAUM
Wörter über die Natur

APRICITY
[Polnisch]

Die Wärme der Sonne im Winter, wenn sie durch die Wolken bricht und die Haut erwärmt

ARUSHI
[Sanskrit]

Die ersten Sonnenstrahlen des frühen Morgens

AURORA
Morgenröte

BACHGEMURMEL

Geplätscher eines fließenden Gewässers

BLÜTENSCHAUM

Blütenmeer einer Blumenwiese

DAUWTRAPPEN

[Niederländisch]

Bedeutet wörtlich übersetzt »Tautreten« und bezieht sich auf den Brauch, im Frühjahr früh aufzustehen, um einen Spaziergang oder eine Fahrradtour auf tauüberzogenen Feldern zu machen

FEUILLEMORT

[Englisch, aus dem Französischen abgeleitet]

Die Farbe von verblasstem Laub. Abgeleitet von französisch *feuille morte* (totes Blatt)

FRÜHHAUCH

Morgennebel

GÖKOTTA

[Schwedisch]

Morgens sehr früh aufstehen, um draußen die ersten Vögel singen zu hören

GÜMÜŞSERVİ

[Türkisch]

Der glimmende Schein, den Mondlicht auf das Wasser wirft

HANYAUKU

[namibischer Dialekt]

Auf Zehenspitzen über heißen Sand laufen

KAPEL

[Russisch]

Vorboten des Frühlings. Das Geräusch, das entsteht, wenn an einem sonnigen Tag nach einem langen Winter Wasser von den Eiszapfen tropft

KOMOREBI

[Japanisch]

Sonnenlicht, das durch die Blätter eines Baumes bricht

KOPAL

[Hindi]

Die zarte Knospe einer Rosenblüte

MÅNGATA

[Schwedisch]

Die Spiegelung des Mondscheins im Wasser, die an eine Straße erinnert

PETRICHOR

Der erdige Geruch, der erzeugt wird, wenn Regen auf trockenen Boden fällt

PORONKUSEMA

[Finnisch]

Die Distanz, die ein Rentier zurücklegen kann, bevor es anhalten muss, um zu pinkeln (ca. 7,5 km)

POROSHA

[Russisch]

Unberührte Schicht von Neuschnee, der in der Nacht gefallen ist

RIMJHIM

[Hindi]

Das beruhigende Pitsch-Patsch von Regentropfen

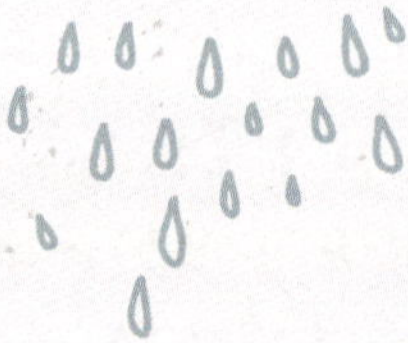

SEREIN

[Französisch]

Feiner Regen oder Dunst, der nach dem Sonnenuntergang aus einem weitgehend wolkenlosen Himmel fällt und einen besonderen Zauber ausstrahlt

UITWAAIEN

[Niederländisch]

Einen Spaziergang durch die Landschaft oder an windgepeitschten Stränden machen, um etwas frische Luft zu schnappen

E

ELAN

Schwung, der begeistert und antreibt

ENGELSGEDULD

Große Geduld

ENTZÜCKEN

Freudige Zustimmung

EOMCHINA

[Koreanisch]

»Sohn von Mamas Freund«. Koreanische Mütter sind häufig sehr kompetitiv und vergleichen ihre Kinder mit den Nachkommen ihrer Freunde. Dieses Wort wird verwendet, um eine Person zu beschreiben, die erfolgreicher ist als das eigene Kind – um dieses zu motivieren, noch fleißiger zu sein.

ESPRIT DE L'ESCALIER

[Französisch]

»Treppenwitz«. Eine geistreiche Entgegnung, die einem leider erst zu spät (auf der Treppe beim Hinausgehen) in den Sinn kommt

ERBARMEN

Aus Mitleid zu helfen versuchen, verbindet das Verzeihen und das barmherzige Helfen

ERBSENZÄHLER

Extrem genauer, pedantischer Mensch. Bis zum 19. Jahrhundert hatte der Begriff noch eine andere Bedeutung und stand für einen geizigen Menschen.

ESELSBRÜCKE

Merkhilfe

F

FEIERABENDSTIMMUNG

Festliche Stimmung, die am Ende eines Arbeitstages entsteht

FERNWEH

Die Sehnsucht, in die Ferne zu reisen. Das Gegenteil von Heimweh

FICKLAMPA

[Schwedisch]

Taschenlampe

FINGERSPITZENGEFÜHL

Die Fähigkeit, mit besonderem Feingefühl zu handeln

FIRLEFANZ

Unnötige Dinge oder albernes Gehabe. Abgeleitet vom altfranzösischen Begriff *virelai* für Reigenlieder, bei denen man sich während des Singens im Kreis drehte

FIRMAMENT

Himmelsgewölbe

FISIMATENTEN

Unnötige Scherereien. Stammt angeblich aus der Zeit der napoleonischen Kriege, als die französischen Soldaten deutsche Mädchen mit der Aufforderung »Visitez ma tente« (»Besuchen Sie mein Zelt«) zu einem Rendezvous unter der Zeltplane einluden

FLÂNEUR

[Französisch]

Jemand, der gemächlich durch die Straßen schlendert, um die Stadt zu erleben

FOCOLARE

[Italienisch]

Der Herd als emotionales
Zentrum des Hauses

FREMDSCHÄMEN

Scham, die aus Mitgefühl entsteht, weil
jemand anderes sich blamiert

FROHLOCKEN

In Freude ausbrechen

G

GÄNSEBLÜMCHEN

Ein schlichtes Pflänzchen, das nicht nur die Herzen deutscher Kinder erfreut. Die Engländer nennen es *daisy*, die Schweizer *Margritli.*

GATTARA

[Italienisch]

Oft alte oder einsame Frau, die sich um streunende Katzen kümmert

GEBORGENHEIT

Das Gefühl, aufgehoben und sicher zu sein

GEMÜTLICHKEIT

Ein Gefühl von Komfort, Behaglichkeit und Wohnlichkeit

GLITZERFLUMMI

Schillernder Gummiball, Kinderspielzeug

GLUGGAVEÐUR

[Isländisch]

»Fensterwetter«; Wetter, das von innen durchs Fenster gut aussieht, es in Wirklichkeit aber nicht ist

GRATRUNKA

[Schwedisch]

Masturbieren, während man gleichzeitig sehr traurig und weinerlich ist

GRIESGRAM

Missmutiger Mensch

GURU

[Bengali]

Spiritueller Wegweiser oder anerkannter Führer, zu dem man mit Bewunderung und einem Gefühl brüderlicher Zuneigung aufschaut

HERZELEID
Wörter über Flirten und Liebe

CAFUNÉ
[Portugiesisch]
Zärtlich einer geliebten Person mit der Hand durchs Haar streichen

DOR
[Rumänisch]
Das schmerzvoll-sehnsüchtige Gefühl, wenn man von der Person getrennt ist, die man liebt

FORELSKET
[Norwegisch]
Das euphorische Gefühl frischer Verliebtheit

GEMAS

[Indonesisch]

Ein derart intensives Gefühl der Zuneigung, dass man etwas Niedliches so fest umarmen möchte, dass man es zerquetscht

HARANA

[Tagalog, Philippinen]

Eine romantische Geste, bei der ein junger Mann versucht, seine Angebetete mit einem Ständchen zu umwerben

HERZELEID

Seelischer Kummer, auch Herzschmerz

ISHIN-DENSHIN

[Japanisch]

»Das Herz durch das Herz vermitteln«. Der Ausdruck meinte ursprünglich, dass die Weisheit Buddhas durch das Herz wiedergegeben wird. Sich ohne Worte verständigen, das Herz des anderen lesen können

ISHQ

[Arabisch]

Leidenschaftliche, ekstatische Liebe mit intensivem Drang, den anderen zu besitzen

JEONG

[Koreanisch]

Eine Art der Liebe, die sich durch freundliche Gesten, Großzügigkeit, Verständnis, Wärme und eine emotionale Verbindung zu jemandem auszeichnet

KOI NO YOKAN

[Japanisch]

Das Gefühl, das entsteht, wenn man einen Menschen zum ersten Mal trifft und sich denkt: »Ja, ich könnte mir vorstellen, etwas mit dir anzufangen ...«

KURSCHATTEN

Person, zu der man während eines Kuraufenthalts eine Beziehung unterhält

LIMERENCE

[Englisch]

Unfreiwilliger Zustand tiefer Besessenheit und Verliebtheit in eine andere Person

MAMIHLAPINATAPAI

[Yaghan]

Ein Blick zwischen zwei Menschen, der große gegenseitige Lust zum Ausdruck bringt, auf den hin sich aber keiner der beiden zu handeln getraut

NAZ

[Urdu]

Der Stolz, den man empfindet, weil man von jemand anderem begehrt wird

ODNOLIUB

[Russisch]

Person, die in ihrem Leben nur eine einzige Liebe hat

ONSRA

[Serbisch]

»Zum letzten Mal lieben«, das bittersüße Gefühl, dass eine Liebe enden wird

RETROUVAILLES

[Englisch]

Glücksgefühl, wenn man sich nach Monaten oder Jahren zum ersten Mal wiedersieht

SCHÄFERSTÜNDCHEN

(Heimliches) Beisammensein von Verliebten

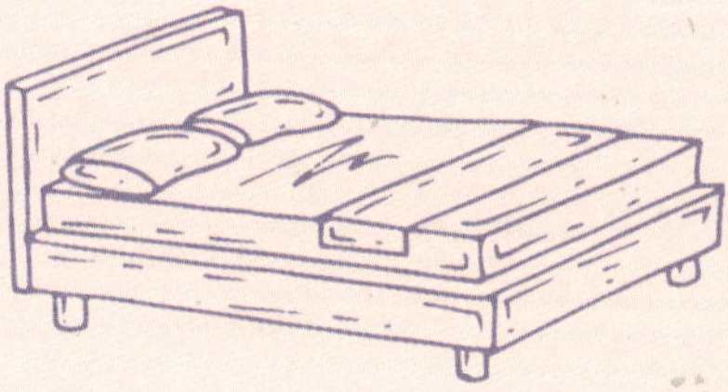

SEHNSUCHT

Tiefes, schmerzliches Verlangen nach einer Person oder Sache, die man entbehrt. Ein wunderschön bildhafter Ausdruck für ein Gefühl, das Freude und Trauer verbindet

SOMMERLIEBE

Kurze, intensive Beziehung

STREICHELEINHEIT

Zärtliche Zuwendung

TAKANE NO HANA

[Japanisch]

Wörtlich »weit entfernte Blume«. Die Sehnsucht nach einer Person oder einem Objekt, das man nicht erreichen kann

TECHTELMECHTEL

Affäre, Liebschaft

VIRAHI

[Hindi]

Intensive Liebe und Sehnsucht, die man erst dann empfindet, wenn man getrennt ist

YA'ABURNEE

[Arabisch]

Wörtlich übersetzt »mögest du mich begraben«. Der Wunsch, vor der Person zu sterben, die man liebt, damit man nie ohne sie leben muss

ZHI ZI ZHI SHOU, YU ZI XIE LAO

[Chinesisch]

Händchen halten und gemeinsam alt werden

ZWEISAMKEIT

(Heimliches) Beisammensein von Verliebten

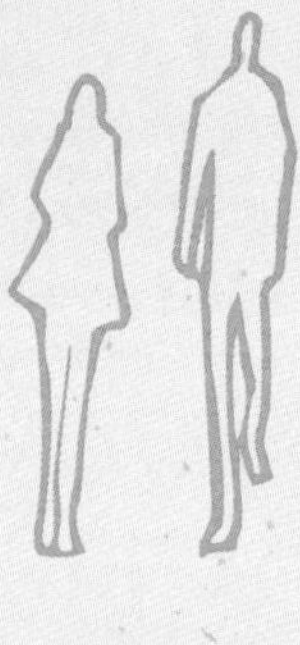

H

HABSELIGKEITEN

Kümmerliche, aber persönlich wichtige Besitztümer

HAIN

Kleines Waldstück

HALLIGALLI

Ausgelassene Stimmung, Trubel

HALLODRI

Unbeschwerter, draufgängerischer Mann

HASENHERZIG

Ängstlich, feige

HEIMAT

Der Ort, an dem man sich aufgehoben, zugehörig und zu Hause fühlt

HEIMSCHEISSER

Jemand, der sein großes Geschäft vornehmlich zu Hause erledigen möchte

HIRAETH

[Walisisch]

Heimweh und Sehnsucht nach einem Ort, an den man nicht zurückkehren kann, weil er nicht mehr existiert oder vielleicht nie existiert hat

HOKUSPOKUS

Wundersame Handlung, Zauberspruch

HONIGKUCHENPFERD

Lebkuchen in Form eines Pferdes.
Wird vor allem in der Formulierung »Strahlen (oder grinsen) wie ein Honigkuchenpferd« verwendet, wodurch große Freude ausgedrückt wird

HO'OPONOPONO

[Hawaiianisch]

Brauch der gegenseitigen Vergebung und Wiedergutmachung

HULLABALOO

[Englisch]

Aufruhr oder Tumult, der eine Störung hervorruft, vermutlich auf das schottische *baloo* zurückgehend, das »Schlaflied« bedeutet

1

IKTSUARPOK

[Inuktitut, Sprache der Inuit]

Das Gefühl der freudigen Erwartung und Unruhe, das man empfindet, wenn man sehnsüchtig auf eine Person wartet, und das dazu führen kann, dass man häufig vor die Tür geht oder aus dem Fenster blickt, um zu überprüfen, ob die Person schon da ist

INCANDESCENCE

[Englisch]

Elektromagnetische Strahlung und Licht, die durch extrem hohe Temperaturen entstehen

INEFFABLE

[Englisch]

Zu gewaltig, um es in Worten auszudrücken

INNERER SCHWEINEHUND

Nur wir Deutschen kombinieren die beiden Tiere Hund und Schwein zu einem widerwilligen, faulen Fabelwesen, wenn wir von unserer Willensschwäche sprechen.

INUUQATIGIITTIARNIQ

[Inuktitut, Sprache der Inuit)]

Respektvoll und fürsorglich zu allen Menschen sein

INYEON

[Koreanisch]

Die schicksalhafte Bindung zwischen zwei Menschen im Laufe ihres Lebens

IRRLICHTERN

Herumgeistern, umherirren, auch im übertragenen Sinn

IRUSU

[Japanisch]

»Es ist niemand zu Hause, aber das Licht wurde versehentlich angelassen.« Der Begriff wird als Ausrede verwendet, wenn man vorgab, man sei nicht zu Hause, als jemand an der Tür klingelte.

ISBILTUR

[Isländisch]

Ein Ausflug oder eine Autofahrt, die mit dem Verzehr von Eis endet

ITAI DÔSHIN

[Japanisch]

Auf einer Wellenlänge sein, sich sehr gut verstehen wie »ein Geist in zwei Körpern«. Der Begriff kann sich nicht nur auf zwei Einzelpersonen beziehen, sondern auch auf eine Gruppe oder Gemeinschaft.

J

JAUCHZEN

Laut frohlocken. Ausdruck mit einer komplizierten Konsonantensammlung, die nur in wenigen Sprachen vorkommt.

JAYUS

[Indonesisch]

Jemand, der einen derart schlechten Witz erzählt, dass man über ihn (statt über den Witz) lachen muss

JUNGBRUNNEN

Quell ewiger Jugend, Schönheit und Kraft

KLEINODE

Vom Aussterben bedrohte deutsche Wörter

ALTVORDERER

Vorfahr

BEINKLEID

Hose

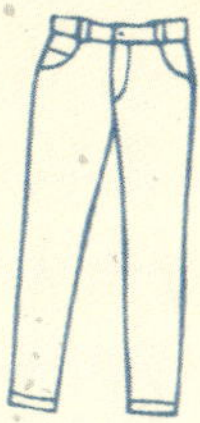

DREIKÄSEHOCH

Kleiner Junge

HANEBÜCHEN

Empörend, Unerhört

HOLD

Anmutig, lieblich

FICKFACKEREI
Betrügereien

GEMACH
Vornehmer Wohnraum

HAGESTOLZ
Älterer Junggeselle

KLEINOD
Glanzstück,
Prachtexemplar

KLIMBIM
Überflüssiges Zeug

LICHTSPIELHAUS
Kino

LENZ

Frühling

MUMPITZ

Unsinn

OHEIM

Onkel

PUSTEKUCHEN

»Von wegen!« Sehr niedlicher Ausdruck dafür, dass dem Gegenüber nicht geglaubt werden kann

PARVENÜ

Emporkömmling, der in der ersten Generation zu Geld gekommen ist und sich oft nicht angemessen benehmen kann

SAUMSELIG

Langsam, sich (zu viel) Zeit lassend

SCHABERNACK

Streich

SCHLAFITTCHEN

Jackenzipfel

SCHWERENÖTER

Durchtriebener Kerl, der mit Charme Eindruck macht oder seinen Willen durchsetzt. Wird oft für Männer gebraucht, die Frauen nachstellen, und ähnelt in dieser Bedeutung dem ebenfalls vom Aussterben bedrohten *Schürzenjäger*

VERMALEDEIT

Verwünscht (das Gegenteil von gebenedeit)

WEILAND

Früher, ehemals

K

KALSARIKANNIT

[Finnisch]

Sich allein zu Hause in der Unterhose betrinken

KARELU

[Tulu]

Der Abdruck, den ein sehr enges Kleidungsstück auf der Haut hinterlässt

KATZENJAMMER

Moralischer Kater nach einem Rausch, Katerstimmung

KENJATAIMU

[Japanisch]

Der Zeitraum direkt nach dem Orgasmus, in dem der Mann frei von sexuellen Gedanken klar denken kann

KINKERLITZCHEN

Nichtigkeiten

KITSCH

Objekte oberflächlicher Schönheit, die unnütz und überladen sind, aber dennoch geschätzt werden

KLANDESTIN

Heimlich

KLITZEKLEIN

Sehr klein

KOHLPECHRABEN-SCHWARZ

Besonders dunkles Schwarz

KOKOLORES

Humbug

KOPFKINO

Gedankenwelt

KRIMSKRAMS

Nutzlose Dinge

KUDDELMUDDEL

Durcheinander

KUKELURE

[Norwegisch]

Herumsitzen, nachdenken und vor sich hin stieren

KUMMERSPECK

Das Gewicht, das man zulegt,
wenn man zu viel isst, weil man
traurig oder besorgt ist

KUNDUNG

[Koreanisch]

Das Wehen der Baumwipfel im Wind

LECKERBISSEN
Schöne Wörter übers Essen

ABBIOCCO

[Italienisch]

Die plötzliche Schläfrigkeit nach dem Verzehr einer üppigen Mahlzeit. Ähnlich dem deutschen Suppen- und Schnitzelkoma

AUGENSCHMAUS

Ein erfreulicher Anblick von Speisen. Bei Menschen auch *Augenweide*

BETSUBARA

[Japanisch]

»Extramagen«; der Begriff wird gerne von Kindern verwendet, um zu erklären, warum sie noch Platz für ein Dessert haben, obwohl sie vom Essen schon satt waren.

KUIDAORE

[Japanisch]

Zu viel Geld ins Essen investieren; durch zu viel Konsum pleite sein

LECKERBISSEN

Besonders wohlschmeckende Speise

PÅLEGG

[Norwegisch]

Alles, womit man eine Scheibe Brot belegen kann. Das kann Schinken, Wurst, Käse, Marmelade oder ein Salatblatt sein.

PAMPELMUSE

Schöneres deutsches Wort für Grapefruit

PISAN ZAPRA

[Malaiisch]

Die Zeit, die man benötigt, um eine Banane zu essen

POMODORO

[Italienisch]

Der wörtliche »Goldapfel« von *pomo* (Apfel) und *oro* (Gold) ist für die Italiener – natürlich! – die Tomate.

RHABARBERMARMELADE

Ein deutsches Wort, so erfrischend-schön wie ein Löffel Rhabarbermarmelade

SAHNESCHNITTE

Mit Schlagsahne gefülltes Gebäck und zartes Kompliment, aber auch ein sprachlicher Leckerbissen

SHEMOMECHAMA

[Georgisch]

Über den Punkt der Sättigung hinaus weiteressen

SOCARRAT

[Valenzianisch]

Die leckere Kruste aus angebranntem Reis, die sich auf dem Boden der Paella-Pfanne bildet

TIGERKAKA

[Schwedisch]

Marmorkuchen

TJUVSMAKA

[Schwedisch]

Probieren oder in der Küche naschen, wenn einen niemand beobachtet

UITBUIKEN

[Niederländisch]

Zwischen den Gängen einer Mahlzeit oder nach dem Essen entspannen

L

LARIFARI

Unfug, Geschwätz

LJÓSMÓÐIR

[Isländisch]

Wörtlich übersetzt »Lichtmutter«, bezeichnet der Begriff die Hebamme und wurde in Island 2014 zum schönsten Wort gewählt

LOBHUDELEI

Überschwängliches, übertriebenes Loben

LUFTIKUS

Einer, der sich mehr mit intellektuellen und künstlerischen als mit praktischen Dingen beschäftigt; jemand, der mit dem Kopf in den Wolken steckt

M

MACHSCHEFF

[Hebräisch]

Computer

MANAAKITANGA

[Maori]

Gastfreundschaft, Freundlichkeit, Güte, Unterstützung, Respekt und Fürsorge für andere

MAUERBLÜMCHEN

Unscheinbares Mädchen, das von Männern kaum beachtet wird

MBUKI-MVUKI

[Bantu]

Sich spontan die Kleidung vom Leib reißen und ungehemmt tanzen

MECHAYEH

[Jiddisch]

Ein Gefühl des Entzückens, das einen wieder zum Leben erweckt und große Freude auslöst, wie an einem heißen Sommertag an einem eiskalten Getränk zu nippen

MELLIFLUOUS

[Englisch]

Ein Klang, der süß und weich ist, angenehm zu hören

MERAKI

[Griechisch]

Die Liebe, Kreativität und Leidenschaft, die jemand in seine Arbeit legt

METANOIA

[Griechisch]

Änderung der eigenen Lebenseinstellung oder Auffassung zu bestimmten Dingen

MILOZVUČAN

[Kroatisch]

Angenehm und harmonisch klingend

MÍNG MÙ

[Chinesisch]

»Sterben ohne Bedauern«; ein gutes Leben gelebt haben

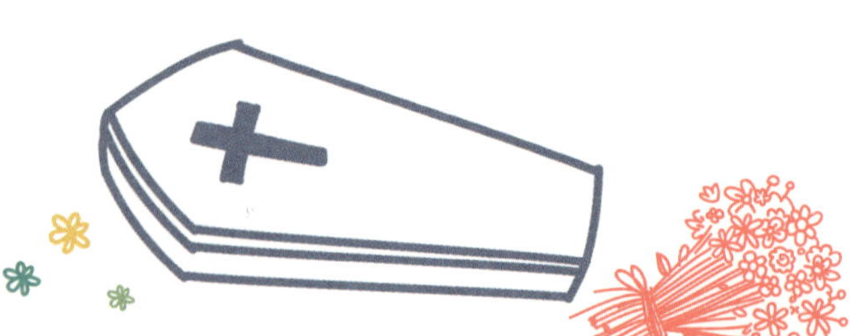

MOKITA

[Kivila; Papua-Neuguinea]

Eine Wahrheit, die jeder kennt, über die aber aus Mitleid niemand spricht (zum Beispiel, wenn jemand untreu oder bankrott ist oder seine Arbeit verloren hat)

MORGENFRISK

[Dänisch]

Das ausgeruhte Gefühl nach einer geruhsamen Nacht

MOZZAFIATO

[Italienisch]

Wenn etwas so schön, Ehrfurcht gebietend oder erstaunlich ist, dass es einem den Atem raubt

MUDITA

[Sanskrit]

Die uneigennützige Freude darüber, dass es anderen gut geht

MÜMMELMANN

Hase oder Kaninchen

MURR-MA

[Wagiman, Sprache nordaustralischer Ureinwohner]

Durch das Wasser waten, um dabei nur mit seinen Füßen etwas zu suchen

MÜSSIGGANG

Faulenzerei

SCHÖNE WÖRTER,

die der Dichter Rainer Maria Rilke erfunden hat

ABENDBLASS

DUFTGEHEGE

FRÜHVERBLASST

GLANZDURCHSPRÜHT

GLÜCKVERSCHNEIT

HEIMWEHAUGEN

JUBELSCHRILL

LICHTESLÜSTERN

MANDELSCHMAL

MORGENMATT

SCHÖNERSCHRECKT

SEHNSUCHTSBLASS

SILBERSTILL

STERNETRIEFEND

TRÄUMERMIENE

WALDSEEREIN

WONNEWILD

WORTVERWORRENHEIT

N

NAMASTE

[Hindi/Sanskrit]

»Ich verneige mich vor dem Göttlichen in dir.«
Weitverbreitete Begrüßungsformel in Indien

NATSUKASHII

[Japanisch]

Wenn kleine Dinge, die Erinnerungen an die Vergangenheit wecken, ein warmes, plötzliches Gefühl der Nostalgie auslösen

NOTTIVAGO

[Italienisch]

Jemand, der gerne nachts wandert

NUNCHI

[Koreanisch]

Die subtile Kunst, zuzuhören und die Gefühle und Gedanken anderer zu lesen

O

OHRENSCHMAUS

Wohlklang

OJALÁ

[Spanisch, aus dem Arabischen abgeleitet]

Hoffentlich. Geht auf den arabischen Ausdruck *Inschallah* zurück und heißt somit eigentlich »so Gott will«

ONDINNONK

[Irokesisch]

Die geheimen Wünsche der Seele, die beim Träumen offenbart werden

WELTANSCHAUUNG
Philosophische Begriffe

ATARAXIE

[aus dem Altgriechischen abgeleitet]

Zustand der Ruhe und Unerschütterlichkeit, den alle stoischen Philosophen anstreben. Beruhend auf der Annahme des Schicksals und dem Wissen darum, was man beeinflussen kann und was nicht

DUENDE

[Spanisch]

Die geheimnisvolle Kraft eines Kunstwerks, das eine Person tief bewegt; die geheimnisvolle Macht der Kunst, die alle fühlen, aber die niemand erklären kann

EUDAIMONIE

[aus dem Altgriechischen abgeleitet]

Der aufs Altgriechische zurückgehende Begriff wird häufig übersetzt mit »Glückseligkeit«, meint jedoch eine gelungene Lebensführung nach den Prinzipien der philosophischen Ethik.

KAIROS

[Altgriechisch]

Die Gunst der Stunde, der perfekte Moment, der entscheidende Augenblick, zum Beispiel um eine Entscheidung zu treffen

KENSHŌ

[Japanisch]

Vorübergehender Moment des Erwachens und der Erleuchtung, Erweckungserlebnis in der buddhistischen Tradition des Zen

METAPHER

[vom Altgriechischen abgeleitet]

Rhetorisches Stilmittel der übertragenen Bedeutung. Ein Ausdruck wird dabei aus seinem Zusammenhang in einen anderen übertragen.

ORENDA

[Irokesisch]

Die magische Kraft, die allen Menschen innewohnt, die Welt zum Besseren zu verändern

UTOPIE

[aus dem Altgriechischen abgeleitet]

Entwurf einer möglichen zukünftigen, meist aber fiktiven Lebensform oder Gesellschaftsordnung, die nicht an zeitgenössische Rahmenbedingungen gebunden ist. Im Alltagsgebrauch eine schöne, aber als unausführbar betrachtete Zukunftsvision

WABI-SABI

[Japanisch]

Das ästhetische Konzept, Schönheit in den Unvollkommenheiten des Lebens zu finden

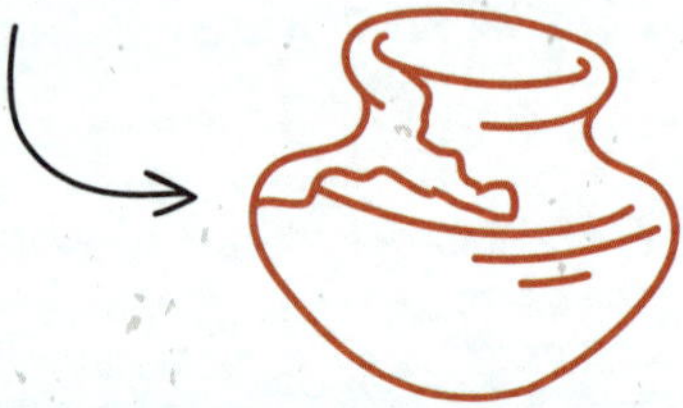

WELTANSCHAUUNG

Individuelle Art, die Welt, die Natur und das Wesen des Menschen zu begreifen

WÚ WEI

[Chinesisch]

Leere, das Nichts, das Nichtsein; im Buddhismus bedeutet es »weder ja noch nein«.

P

PAPPERLAPAPP

Ausruf für »Blödsinn!«

PEISKOS

[Norwegisch]

Das behagliche Gefühl, vor einem knisternden Kaminfeuer zu sitzen und die Wärme zu genießen

PERTU

[Ungarisch]

Brüderschaft, mit jemandem »per du« sein. Um zum Du überzugehen, wird gerne *pertu* getrunken, das heißt, dass man die Arme mit einem anderen verschränkt, während beide trinken, und so die neue Freundschaft besiegelt.

PILLEPALLE

Kleinkram

PIPAPO

Mit allem Drum und Dran

PIPIFAX

Unsinn

POLYUBIT

[Russisch]

Sich langsam in jemanden verlieben; erkennen, dass einem jemand mehr bedeutet als zu der Zeit, als man ihn zum ersten Mal traf

POPUTCHIK

[Russisch]

Ein Fremder, mit dem man sich während einer Reise anfreundet

PROZVONIT

[Tschechisch]

Jemanden anrufen und es nur einmal klingeln lassen in der Hoffnung, dass man zurückgerufen wird und sich die Anrufkosten spart

PURZELBAUM

Rolle beim Turnen

Q

QUARRTSILUNI

Ritual der Inuit, bei dem man zusammen in der Dunkelheit sitzt und still darauf wartet, dass etwas Kreatives oder Wichtiges aufkommt; die seltsame Ruhe vor einem bedeutsamen Ereignis

QUERENCIA

[Spanisch]

Zuneigung zu einem speziellen Ort, an dem man sich geborgen fühlt, Heimatliebe

QUIETSCHFIDEL

Sich pudelwohl fühlend, ausgelassen

GUSTIÖS

Schöne österreichische Wörter

ABNUDELN

Jemanden liebkosen

ANZIPFEN

(Durch eine Geduldsprobe) verärgern

APER

Schneefrei

ÄUSSERLN

Gassi gehen

BABA

Tschüss, leb wohl

BIM

Straßenbahn

BUTTERWACH

Sehr bekifft

DULLIÖH

Ausgelassenheit, Alkoholrausch

FASSLREITER

Jemand mit extremen O-Beinen

FERTEN

Im vergangenen Jahr

FLUCHTACHTERL

Letztes Achterl (Wein) bei einem Kneipenbesuch; Absacker

FOTZHOBEL

Mundharmonika

FUNKNSCHUASDA
Elektriker

GUGGASCHECKERT
Sommersprossig

GUSTIÖS
Appetitlich

HACKELN
Arbeiten

HENDLFRIEDHOF
Dicker Bauch

HETZ
Spaß

HOLZPYJAMA
Sarg

KUKURUZ
Maiskolben

PAPPNSCHLOSSA

Zahnarzt

SCHASSAUGERT

Schlecht sehend, an einer Sehschwäche leidend

SCHMÄHDUTTLN

Silikonbusen

SCHNACKERL

Schluckauf

SICH FADISIEREN

Sich langweilen

SPOMPANADELN

Unsinn, Faxen

WURSCHTFREDL

Hautarzt

R

RASASVADA

[Sanskrit]

Die zarte Glückseligkeit, wenn man einen Moment lang an gar nichts denken muss

RATZEFUMMEL

Radiergummi

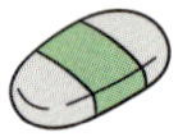

RECENA

[Spanisch]

Zweites Abendessen *(cena)* nach dem ersten

REMMIDEMMI

Lärm, Trubel

RIYAAZ

[Urdu]

Musikalisches Üben von Gesang oder mit Instrumenten mit großer Hingabe und Disziplin

5

SAMAR

[Arabisch]

Mit Freunden bei Sonnenuntergang im Gespräch zusammensitzen

SAUDADE

[Portugiesisch]

Melancholische Sehnsucht; emotionaler Zustand tiefer Nostalgie über etwas oder jemanden, den man vermisst und der für immer verloren ist

SCHADENFREUDE

Boshafte Freude über das Unglück anderer

SCHLUCKSPECHT

Jemand, der gerne viel Alkohol trinkt

SCHNAPSIDEE

Absurder Plan, der häufig nach Alkoholkonsum entsteht

SCRIPTURIENT

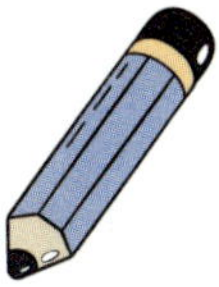

[Englisch]

Das Verlangen haben, zu schreiben

SELENOPHILE

[Englisch, aus dem Altgriechischen abgeleitet]

Jemand, der Zufriedenheit und Glück durch die Existenz und die Betrachtung des Mondes empfindet

SERENDIPITY

[Englisch]

Das zufällige Beobachten vorteilhafter Ereignisse oder die Gabe, unerwartete glückliche Entdeckungen zu machen

SGRIOB

[Gälisch]

Das Kribbeln der Vorfreude, das man auf der Oberlippe spürt, bevor man einen Schluck Whiskey trinkt

SHLIMAZL

[Jiddisch]

Eine chronisch unglückliche oder glücklose Person

SILLAGE

[Französisch]

Die Duftspur oder Geruchswolke, die ein Parfüm nach sich zieht

SITZFLEISCH

Die Bereitschaft und Ausdauer, langwierige Aufgaben zu erledigen

SKÄMSKUDDE

[Schwedisch]

»Schamkissen«, das tatsächliche oder eingebildete Kissen, das man sich vors Gesicht hält, weil einem etwas peinlich ist

SMULTRONSTÄLLE

[Schwedisch]

»Walderdbeerfeld«; im übertragenen Sinne auch ein besonderer Ort, an dem man Trost und Entspannung findet, wie ein ruhiger Rosengarten oder eine alte Bibliothek

SOBREMESA

[Spanisch]

Die Zeit, die man nach dem Essen noch mit Gesprächen am Tisch verbringt

SÓLARFRÍ

[Isländisch]

»Sonnenfrei«, wenn Arbeitnehmer spontan freibekommen, um einen besonders sonnigen oder warmen Tag zu genießen

SOMMERFRISCHE

Urlaub an einem Ort mit angenehmem,
nicht zu heißem Klima

SPERENZCHEN

Ärgerliche Schwierigkeiten

SPREZZATURA

[Italienisch]

Nonchalance; scheinbare
Mühelosigkeit auch bei Bewältigung
schwieriger Probleme

STEHAUFMÄNNCHEN

Jemand, der nicht aufgibt

STERNSTUNDE

Ganz besonderer Zeitpunkt oder Moment im Leben, der einen Höhepunkt darstellt oder in dem das Schicksal sich zum Guten wendet

SÜFFISANZ

Selbstgefälligkeit, Spott: Das *Damen-Konversationslexikon* von 1834 bemerkt dazu: »Süffisance, jene Selbstgefälligkeit, die, sich stets selbst genug, selten anderen genügt – ein Egoismus, der sich selbst zum Spiegelbilde einer wonniglichen Betrachtung macht, ein geistiger Narziss, der sich selig vertieft in dem Anschauen seiner eigenen Gestalt.«

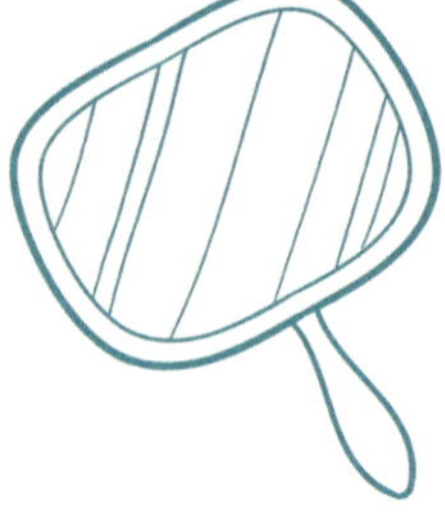

GSCHPÄSSIG

Schöne Schweizer Wörter

A DISCRÉTION

All you can eat

BETTMÜMPFELI

Kleiner Snack vor dem Schlafengehen

BIBELI

Pickel

BLÖTERLIWASSER

Kohlensäurehaltiges Mineralwasser

BÜNZLI

Spießbürger, kleinkarierter Mensch

CHRÖÖMLE

(Unnötige) Kleinigkeiten einkaufen

CHRÜSIMÜSI

Durcheinander

DRÄMMLI

Straßenbahn

FÜDLEBLUTT

Splitterfasernackt

GÄBIG

Praktisch, bequem, angenehm; mancherorts auch: freundlich, gesellig

GLUSCHTIG

Gelüste auslösend, lecker, appetitlich

GRÜMPELTURNIER

Hobbyfußballturnier, das nicht den offiziellen Regeln folgt und bei dem völlig gemischte Mannschaften gegeneinander antreten

GSCHPÄSSIG

Eigenartig, komisch

HAHNENBURGER

Leitungswasser

HUDU

Lappen

HUNDSVERLOCHETE

»Hundebegräbnis«; langweilige oder miserable Veranstaltung, die den Besuch nicht lohnt

KOMMISSIONE MACHE

Einkaufen

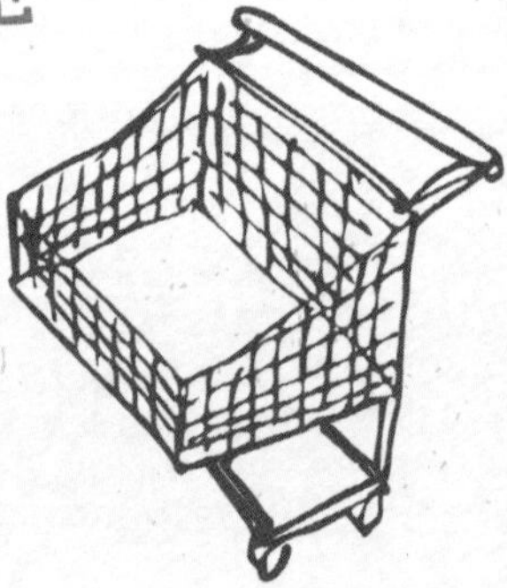

KURLIG

Sonderbar, komisch

PEDALO

Tretboot

SCHLÖÖF

Schlittschuhe

SCHNÄDERFRÄSSIG

Mäkelig beim Essen

SCHNUDERLUMPE

Taschentuch

SERVIERTOCHTER

Kellnerin

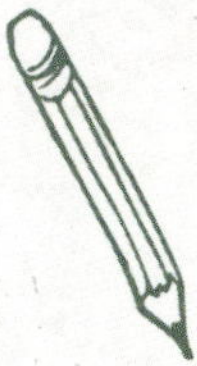

TÄTSCHMEISTER

Organisator, Wortführer

TÖGGELICHASCHTE

Tischfußballtisch

TÜPFLISCHISSER

»Pünktchenscheißer«, Korinthenkacker

VERGRABIG

Beerdigung

VERHEBE

Kein hochdeutsches Wort kommt an diesen Begriff heran. Am ehesten könnte man ihn mit »standhalten«, »bestehen« oder »sich bewähren« übersetzen. Wenn die Schweizer etwas umsetzen, dann »verhebts«.

ZNÜNI

Die morgendliche Zwischenmahlzeit, die man ca. um 9 Uhr (»am Nüni«) zu sich nimmt. Analog dazu das um ca. 16 Uhr genossene »Zvieri«

T

TALAKA

[Weißrussisch]

Die in Weißrussland gängige Praxis der gegenseitigen Unterstützung in einem Dorf bei der Arbeit im Haus oder auf dem Feld. Die helfende Person erwartet nichts als eine gute Mahlzeit am Ende des Tages.

TARAB

[Arabisch]

Die Ekstase, Verzauberung oder der trance-ähnliche Zustand, den man erlebt, wenn man von der Musik mitgerissen wird; das kraftvolle Aufwühlen der eigenen Emotionen, das durch die Musik ausgelöst wird

TARTLE

[Schottisch]

Der Moment des Zögerns, wenn man jemanden trifft, dessen Namen man vergessen hat

TIDSOPTIMIST

[Schwedisch]

Der »Zeitoptimist« kommt immer ein bisschen zu spät.

TINGO

[Pascuense, Osterinseln]

Stufenweise den Haushalt des Nachbarn übernehmen, indem man sich etwas ausleiht und es nicht zurückgibt

TIQUISMIQUIS

[Spanisch]

Anstrengende, kleinliche Person

TORSCHLUSSPANIK

Die Angst, dass sich die Chancen des Lebens vermindern, wenn man älter wird, oder Angst, etwas zu verpassen, weil man zu spät dran ist

TRÚNÓ

[Isländisch]

Sein Herz öffnen und die tiefsten Geheimnisse mit einem anderen austauschen, üblicherweise nach ein paar Drinks

TSUNDOKU

[Japanisch]

Ein Buch kaufen, das man nicht liest, sondern ungelesen auf den Stapel der anderen ungelesenen Bücher legt

TŪRANGAWAEWAE

[Maori]

Ein Ort, der einem das Gefühl gibt, verbunden und geborgen zu sein und seinen Platz in der Welt zu erkennen

GOPFERTAMI

Schöne Schweizer Schimpfwörter

GLÜNGGI

Tollpatsch

!!!

GOPFERTAMI oder KURZ GOPF!

»Gott, verdamme mich«; verdammt!

GRÄNNI

Wehleidiger

HALBSCHUEH

»Halbschuh«; Idiot

PLAGÖÖRI

Angeber

LÖLI

Depp

RAPPENSPALTER

Geizkragen, Pfennigfuchser

RÄTSCHBÄSE

Petze

SAUCHEIB

Fieser Kerl

SCHLUFI

Schlitzohr

SCHNUDERGOOF

Rotzbengel

SIECH

(Fieser) Kerl, ursprünglich Ausdruck für Kranke, Aussätzige (»Siechenhaus«)

SOINIGGEL

Schwein, ekliger Mensch

SÜRMU

Unfähiger Mensch

U

UBUNTU

[Nguni, Bantu]

Sich freundlich gegenüber anderen verhalten aufgrund einer tief empfundenen Menschlichkeit

UNBILL

Unrecht, unwürdige Behandlung. Anders als das Unglück trifft es stets die Falschen.

UNTIEFE

Kann sowohl eine seichte Stelle in einem Gewässer als auch unergründlich tiefe Abgründe der Seele beschreiben. Ein weiteres Beispiel dafür, wie wundersam und kompliziert die deutsche Sprache sein kann

UTEPILS

[Norwegisch]

Ein Bier, das man draußen trinkt

V

VERSCHLIMMBESSERN

Versehentlich etwas schlechter machen beim Versuch, es zu verbessern

VIPAKA

[Sanskrit]

Das Heranreifen einer Frucht, im Buddhismus für das Reifen von Karma verwendet

VORFREUDE

Die euphorische Erwartung, die von der Vorstellung zukünftiger Freuden ausgeht

VORFÜHREFFEKT

Wenn man jemandem etwas vorführen möchte, was man eigentlich beherrscht, es aber nicht klappt

VOZDUKH

[Russisch]

Luft; ursprünglich der Lebenshauch oder Geist *(dukh)*, den man beim Einatmen in sich aufnimmt und beim Ausatmen wieder abgibt

W

WAI-WAI

[Japanisch]

Die Geräusche spielender Kinder

WARMDUSCHER

Eine Person, die ungern die Komfortzone verlässt

WELTSCHMERZ

Melancholie und tiefe Traurigkeit über die Unzulänglichkeit der Welt

WOLKENKUCKUCKSHEIM

Träumerei, Luftschloss, Utopie

WONNEPROPPEN

Dickliches Baby

ADABEI

Schöne österreichische Schimpfwörter

ADABEI

Jemand, der bei allem auch dabei sein will; Wichtigtuer

ARSCHKAPPELMUSTER

Idiot

BAZI

Schlingel

DAMDRARA

Daumendreher, Faulpelz

EINEDRAHRA

Angeber, Wichtigtuer

ESTRAGON-SCHEISSER

Angsthase

FETZENSCHÄDEL

Dummkopf

GFRAST

Freche, nervige Person oder Kind

GSCHAFTLHUBER

Wichtigtuer

GROSSKOPFERTER

Angeber

HALLODRI

Unzuverlässiger Mensch

HUNDLING

Durchtriebener Mensch

RAUSCHKUGL

Alkoholiker

UNGUSTL

Unangenehmer Mensch

YAOURT

[Französisch]

»Joghurt«. Ein ausländisches Lied singen, dessen Sprache man nicht versteht, indem man den Gesangstext nur lautmalerisch nachahmt

YŪGEN

[Japanisch]

Ein tiefgehendes, geheimnisvolles Verständnis der Schönheit des Universums, das eine tiefe emotionale Reaktion in einem auslöst

YUTTA-HEY

[Cherokee]

»Ein guter Tag zum Sterben«; Kampfschrei der Cherokee vor einem Gefecht. Darin kommt nicht der Wunsch zu sterben zum Ausdruck, sondern die momentane Zufriedenheit mit dem Leben.

Z

ZAŁATWIAĆ

[Polnisch]

Der Auftrag wird erledigt werden, aber fragt bitte nicht, wie.

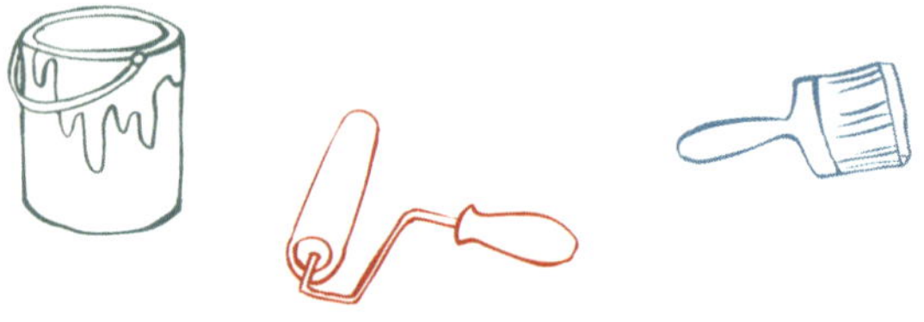

ZANSHIN

[Japanisch]

Ein Zustand erhöhter körperlicher und geistiger Wachsamkeit, Achtsamkeit, Aufmerksamkeit und Konzentration nicht nur, aber insbesondere in Kampfsituationen oder nach einem erfolgreichen Angriff

ZARTBESAITET

Dünnhäutig, mimosenhaft wie ein empfindliches Musikinstrument

ZAUDERN

Unentschlossen sein, zögern, mit sich ringen

ZEITGEIST

Die Definition der Stimmung des Zeitalters

ZUGZWANG

Ursprünglich von Schachspielern verwendet, die Notwendigkeit, einen Zug zu machen bzw. sich zu einer Handlung zu entscheiden

ZUNEIGUNG

Wohlwollende Hinwendung, verbindlicher als die Sympathie

Wie COMICHELDEN in anderen Sprachen heißen

Deutsch	Donald Duck	(Onkel) Dagobert Duck	Tick, Trick und Track
Englisch	Donald Duck	(Uncle) Scrooge McDuck	Huey, Dewey and Louie
Italienisch	Paperino	Paperon de Paperoni	Qui, Quo & Qua
Französisch	Donald Duck	Balthazar Picsou (= Klautgeld)	Riri, Fifi et Loulou
Niederländisch	Donald Duck	(Oom) Dagobert Duck	Kwik, Kwek en Kwak
Dänisch	Anders And	Joakim von And	Rip, Rap og Rup
Norwegisch	Donald Duck	Skrue McDuck	Ole, Dole og Doffen
Schwedisch	Kalle Anka	Joakim von Anka	Knatte, Fnatte och Tjatte

Finnisch	Aku Ankka	Roope Ankka	Tupu, Hupu ja Lupu
Spanisch (Spanien)	El Pato Donald	Gil Pato / Tio Rico	Jorgito, Juanito y Jaimito
Spanisch (Mexiko)	El Pato Donald	Rico McPato	Hugo, Paco y Luis
Portugiesisch	Pato Donald	Tio Patinhas	Huguinho, Zezinho e Luisinho
Estnisch	Piilupart Donald	Onu Robert	Tupsi, Hupsi ja Lupsi
Polnisch	Kaczor Donald	Wujek Sknerus	Hyzio, Dyzio i Zyzio
Serbisch	Paja Patak	Baja Patak	Raja, Gaja i Vlaj

LESEEMPFEHLUNG

Wunderbare Seite über schöne Wörter. Sehr zu empfehlen:

https://sternenvogelreisen.de